BERTRAND RUSSELL
em 90 minutos

FILÓSOFOS
em 90 minutos

. . . .

por Paul Strathern

Aristóteles em 90 Minutos
Berkeley em 90 Minutos
Bertrand Russell em 90 Minutos
Confúcio em 90 Minutos
Derrida em 90 Minutos
Descartes em 90 Minutos
Foucault em 90 Minutos
Hegel em 90 Minutos
Hume em 90 Minutos
Kant em 90 Minutos
Kierkegaard em 90 Minutos
Leibniz em 90 Minutos
Locke em 90 Minutos
Maquiavel em 90 Minutos
Marx em 90 Minutos
Nietzsche em 90 Minutos
Platão em 90 Minutos
Santo Agostinho em 90 Minutos
São Tomás de Aquino em 90 Minutos
Sartre em 90 Minutos
Schopenhauer em 90 Minutos
Sócrates em 90 Minutos
Spinoza em 90 Minutos
Wittgenstein em 90 Minutos

BERTRAND RUSSELL
(1872-1970)
em 90 minutos

Paul Strathern

Tradução:
Maria Luiza X. de A. Borges

Consultoria:
Danilo Marcondes
Professor titular do
Deptº de Filosofia, PUC-Rio

Jorge Zahar Editor
Rio de Janeiro

Título original:
Bertrand Russell in 90 minutes

Tradução autorizada da primeira edição norte-americana
publicada em 2001 por Ivan R. Dee, de Chicago, EUA

Jorge Zahar Editor Ltda.
rua México 31 sobreloja
20031-144 Rio de Janeiro, RJ
tel.: (21) 2240-0226 / fax: (21) 2262-5123
e-mail: jze@zahar.com.br
site: www.zahar.com.br

Projeto gráfico: Ana Paula Tavares
Ilustração de capa: Lula

Impressão: Cromosete Gráfica e Editora

CIP-Brasil. Catalogação-na-fonte
Sindicato Nacional dos Editores de Livros, RJ.

Strathern, Paul, 1940-
S891b Bertrand Russell (1872-1970) em 90 minutos / Paul Strathern; tradução, Maria Luiza X. de A. Borges; consultoria, Danilo Marcondes. — Rio de Janeiro: Jorge Zahar Ed., 2003
– (Filósofos em 90 minutos)

Tradução de: Bertrand Russell in 90 minutes
Inclui bibliografia
ISBN 85-7110-721-1

1. Russell, Bertrand, 1872-1970. 2. Filosofia inglesa. I. Título. II. Série.

CDD 192
03-0939 CDU 1 (420)

SUMÁRIO

INTRODUÇÃO

Bertrand Russell viveu quase 98 anos. Foi uma vida longa e extraordinariamente agitada para um filósofo, e abrangeu o mais notável século de mudanças que a humanidade já testemunhou. Quando Russell nasceu, a Guerra Civil americana mal terminara e um Nietzsche de 28 anos estava escrevendo seu primeiro livro, *O nascimento da tragédia*. No momento em que Russell morreu, o homem pisara na Lua e até o filósofo que lhe herdou o cetro, Wittgenstein, já estava morto havia quase um quarto de século.

Russell declarou que durante toda a sua vida foi movido por três grandes paixões — o desejo de amor, a busca pelo conhecimento e uma pungente compaixão pelo sofrimento da humanidade. Procurou o primeiro para fugir a uma solidão insuportável e porque o êxtase que lhe proporcionava era tão intenso que, segundo afirmou, teria sacrificado de bom grado sua vida por essa beatitude. Sua busca pelo conhecimento foi igualmente apaixonada. Precisava saber "por que as estrelas brilham" e conhecer o poder "pelo qual os números predominam sobre o fluxo". Sua filosofia sempre levou a ciência profundamente em conta, uma necessidade que escapou a muitos filósofos durante um século em que a ciência transformou o mundo. A teoria da evolução de Darwin ainda era nova quando Russell nasceu; quando morreu, a estrutura do DNA já começara a ser desvendada. Entre uma coisa e outra, a teoria da relatividade, a física quântica, a fissão nuclear e a teoria do *big bang* haviam transformado para sempre o modo como vemos nosso Universo.

Sob muitos aspectos, no entanto, a perspectiva filosófica de Russell — profundamente enraizada tanto na lógica quanto no empirismo — permaneceu essencialmente inalterada. No geral sua abordagem era ao mesmo tempo lúcida e de bom senso, embora ele mesmo fosse caracterizar o próprio bom senso como "a metafísica dos selvagens" e se recusasse a permitir que o conteúdo de seu pensamento (em contraposição a seu modo de expressão) fosse distorcido por essa influência maligna. Russell era aristocrático o bastante para não se importar com parecer ridículo. De fato, algumas de suas atitudes políticas mais extremas foram consideradas por muitos em grande parte como ridículas. Seu caráter era uma poderosa mistura de arrogância elitista, honestidade sem rodeios e princípio inflexível. Era capaz de perceber as profundezas do mundo (tanto filosófica quanto politicamente), mas era muitas vezes cego no que dizia respeito a seu próprio mundo interior. Era esse desconhecimento psicológico, contudo, que parecia movê-lo, conferindo força emocional até a suas investigações mais intelectuais, bem como a seus freqüentes casos amorosos.

É uma abordagem realmente apaixonada para um filósofo, essa procura compulsiva de amor e conhecimento. Como o próprio Russell admitiu, essas buscas o levaram ao céu. Foi no entanto sua terceira paixão, sua pena pelo sofrimento da humanidade, que o trouxe de volta à terra. As vítimas dos males infligidos pelo homem neste mundo — guerra, pobreza, tortura, dor — iriam instigá-lo muitas e muitas vezes a ações quixotescas.

Ao longo de toda a sua vida Russell foi uma figura de contradição e controvérsia. O homem que durante um período foi considerado o mais importante filósofo do mundo seria também insultado por suas idéias liberais avançadas sobre o amor e outras questões sociais. O homem que foi honrado com o Prêmio Nobel foi também posto atrás das grades duas vezes. O homem que procurou estabelecer uma filosofia lógica demonstravelmente certa iria encorajar o próprio filósofo cuja obra desbancaria e solaparia essa filosofia.

Porém, se é possível dizer que a filosofia lógica de Russell fracassou, pode-se sustentar igualmente que sua filosofia política teve sucesso. (Não importa que alguns filósofos considerassem esta última como filosoficamente insignificante, ou até ultrajante: Russell certamente não pensava assim.) Hoje em dia os costumes sociais aceitos no mundo ocidental assemelham-se muito mais às idéias liberais de Russell que às dos vários pensadores políticos e éticos mais amplamente respeitados de seu tempo. Além disso, sua veemente campanha contra armas nucleares lançou as bases para o desarmamento nuclear — embora ele sem dúvida mostrasse que esse processo continua longe de se completar e ainda pode resultar no desastre que buscou evitar.

No fim das contas o próprio Russell admitiu que fez seus maiores esforços no campo da filosofia tradicional — na epistemologia, a procura dos fundamentos últimos de nosso conhecimento sobre o mundo. Como podemos ter certeza de que o que afirmamos saber é verdade? Será possível dizer que mesmo o conhecimento mais preciso — como a matemática — repousa em algum fundamento lógico seguro? Essas foram as questões a que Russell tentou responder durante seus períodos de pensamento filosófico mais profundo: as questões perenes da filosofia desde Platão e Aristóteles até o próprio e Wittgenstein, passando por Descartes, Hume e Kant.

A segunda metade do século XX testemunhou uma tentativa conjunta de solapar tais questões. ("Verdade universal é coisa que não existe." "Todo conhecimento é relativo à era histórica ou à cultura em que é aceito.") Mas a persistência do pensamento científico-filosófico atesta que as questões a que Russell se dedicou continuam absolutamente relevantes para nossa situação filosófica contemporânea. A era do conhecimento científico em expansão aparentemente infinita requer, mais do que nunca, uma filosofia que sirva de base a esse conhecimento. Num sentido global, isso ainda está por ser encontrado. Talvez nunca seja. Ainda assim, a tentativa de entender de que modo uma filosofia como essa *poderia* sustentar nosso conhecimento científico continua sendo frutífera. Na busca de descobrir a certeza desse conhecimento, compreendemos mais sobre o que ele é. Pensamos cientificamente sobre um mundo aparentemente científico. Que significado tem isso no que diz respeito a nós e ao mundo que habitamos? Qual é o vínculo entre essas duas entidades díspares, se é que existe algum? O pensamento de Russell foi um dos estágios mais recentes e mais iluminadores dessa antiqüíssima busca filosófica.

VIDA E OBRA

. . . .

Bertrand Russell nasceu em 1872 numa das mais ilustres famílias aristocráticas da Inglaterra. Era o ápice da era vitoriana, quando o Império Britânico estava se aproximando do seu apogeu. A hipocrisia estava na ordem do dia, em meio à repressão social e psicológica generalizada. Os pais de Russell, no entanto, tinham idéias liberais esclarecidas — seu pai perdeu sua cadeira no Parlamento por defender a causa do controle da natalidade.

A infância de Bertrand foi dominada pela morte. Aos cincos anos, havia perdido o pai, a mãe e a irmã. Seus pais haviam determinado que seus dois filhos deveriam ficar sob a guarda de um amigo ateu, mas isso foi contestado nos tribunais pelo poderoso avô do jovem Bertrand, Lord Russell, que fora duas vezes primeiro-ministro. O tribunal anulou o testamento dos pais e assim Bertrand e seu irmão mais velho foram levados para morar com Lord e Lady Russell no Pembroke Lodge, em Richmond Park, nos arredores de Londres. A rainha Vitória em pessoa escreveu para parabenizar Lady Russell, acrescentando: "Confio que seus netos se tornarão tudo o que a senhora poderia desejar." (Como Bertrand Russell comentou ironicamente muitos anos depois, a satisfação desse desejo "lhe foi negada".) Dentro de um ano, o próprio Lord Russell estava morto. O menino Bertrand ficava na cama temendo o momento em que Lady Russell também morreria, acontecimento que, na sua infantilidade, supunha estar próximo. Concentrava a mente na lembrança de seus amados pais, uma imagem evanescente de certeza, doçura e luz.

A vida no Pembroke Lodge era muito diferente. Lady Russell era uma puritana determinada, embora paradoxalmente conservasse as idéias políticas liberais do marido. Seu "anjo de criança", como chamava Bertrand, foi criado sob um regime de banhos frios antes do café da manhã e moralidade limitante. Assuntos como sexo e negócios simplesmente não eram mencionados. Lady Russell decidiu que seu anjo deveria permanecer inconspurcado pelo contato com outras crianças. Bertrand foi instruído em casa por tutores, com aulas ocasionais de seu amável irmão Frank, que era sete anos mais velho que ele e evidentemente considerado um caso perdido, pois foi mandado para o colégio.

Foi Frank quem introduziu Bertrand à matéria que transformaria sua vida. Russell descreve como, aos 11 anos, o irmão começou a lhe ensinar geometria. Começaram avançando pelos *Elementos* de Euclides e, nas palavras eloqüentes de Russell, ele "não imaginava que existia coisa tão deliciosa no mundo". Mesmo quando chegaram à difícil quinta proposição de Euclides Russell não encontrou nenhuma dificuldade, despertando um comentário espantado de Frank. Mais uma vez nas palavras do próprio Russell: "Foi a primeira vez que me veio à cabeça que eu podia ter alguma inteligência." Em seu isolamento, simplesmente não tivera ninguém com quem se comparar. Mas para o adolescente Bertrand isso foi algo mais que a enlevada descoberta de alguma maravilha até então nem sonhada. O modo como Russell encarou a matemática foi caracteristicamente original desde o início. Frank explicou a Bertrand que Euclides estabelecera a totalidade da geometria por prova, tornando assim seus teoremas absolutamente certos e incontestáveis. Mas Bertrand ficou decepcionado ao descobrir que Euclides tinha de fato baseado sua geometria sobre uma série de axiomas básicos. Onde estavam as provas desses axiomas? Frank respondeu que não havia nenhuma. Bertrand recusou-se obstinadamente a seguir adiante até que Frank apresentasse alguma. Frank explicou a Bertrand que ou ele simplesmente aceitava aqueles axiomas, ou os dois não poderiam avançar. Como estava louco para aprender mais daquela maravilhosa geometria, Bertrand aceitou com relutância. Esse amor à beleza formal e à certeza da matemática, bem como o premente desejo de vê-las apoiadas sobre um alicerce de verdade inquestionável, manteriam Russell vivo pelos trinta anos seguintes.

Isto não é um exagero fantasioso. A vida de Russell no Pembroke Lodge continuou doentiamente solitária, seus sentimentos pelo próximo quase inteiramente sublimados. Ele conta que costumava ir freqüentemente ao jardim e contemplar lá embaixo o Richmond Park e a vista distante do vale do Tâmisa. Ali, costumava assistir ao pôr-do-sol e pensar em cometer suicídio. A única coisa que o impedia de se matar era o desejo de descobrir mais sobre a "deliciosa" beleza abstrata da matemática. Ele explica que estava à procura "de algo além do que o mundo contém, algo transfigurado e infinito ... é como um amor apaixonado por um fantasma. ... Sempre desejei encontrar alguma justificação para as emoções inspiradas por certas coisas que pareciam estar fora da vida humana e merecer sentimentos de admiração."

A psicologia destas palavras parece transparente. Mas o desejo inconsciente de Russell de se reunir aos pais não é bastante para explicar seu envolvimento apaixonado com a matemática. Desde seus primeiros anos ele exibiu uma clareza de pensamento excepcional que era idealmente apropriada à matemática. Muitas vezes, no entanto, essa clareza mascarava complexidades quase impenetráveis, e não apenas na matemática. Russell sentiria sempre a necessidade de dar uma expressão clara e direta a seus pensamentos, mas as coisas raramente eram tão bem definidas como ele desejava que parecessem. Suas cogitações solitárias logo o levaram a rejeitar qualquer noção obscura de Deus, especialmente o Deus pessoal tão amado por sua avó. Ao longo de toda a vida Russell professaria, com clareza racional e persuasiva, sua crença ateísta — sua "vã procura de Deus" —, conservando ao mesmo tempo, contudo, uma atitude em relação à matemática que expressava em termos de religiosidade mística. *Acreditava* no mundo abstrato da matemática e sentia-se impelido a procurar nele a certeza que, durante os primeiros anos de sua infância, havia desaparecido de sua vida.

Aos 16 anos Russell foi enviado para fazer um curso preparatório em Londres, onde ficou interno por quase dois anos. Os alunos, que em sua maioria estavam se preparando para exames de admissão no Exército, pareceram a Russell decididamente grosseiros e ignorantes. Infelizmente, essa avaliação certeira da maioria dos oficiais em potencial do Exército iria colorir toda a visão da humanidade que Russell teria até o fim dos seus dias. Apesar de sua muito professada preocupação com as agruras do próximo, Russell teria sempre dificuldade de disfarçar certa indiferença aristocrática. Isso assumia a forma intensificada do desdém quando ele se via diante daqueles que optavam por devotar suas vidas a ocupações menos nobres, como soldados, estadistas e autoridades de qualquer tipo.

Em 1890, aos 18 anos, Russell ganhou uma bolsa de estudos para o Trinity College, Cambridge, onde Isaac Newton havia estudado e ensinado. Em seus três primeiros anos ali, Russell estudou matemática, o que se provou uma amarga decepção. Em sua maior parte, a matemática britânica havia definhado nos 150 anos transcorridos desde a época de Newton, e em nenhum lugar isso era mais evidente que em sua *alma mater*. Os célebres exames *"wrangler"*, destinados a descobrir os mais excelentes matemáticos de Cambridge, exigiam pouco mais que uma formidável decoreba e uma carga ainda maior de truques de prestidigitação matemática. Aquilo era troçar da beleza abstrata que tanto inspirara Russell, e em seu quarto ano, repugnado, ele se voltou para a filosofia.

Ali descobriu o mundo abstrato para acabar com

todos os mundos abstratos, na forma do sistema metafísico abrangendo a totalidade concebido no início do século XIX pelo filósofo alemão Hegel. Uma variante moderna do idealismo absoluto de Hegel era ensinada em Cambridge por J.M.E. McTaggart. Segundo essa variante, tempo e matéria eram ambos irreais. Só o espírito absoluto, que tudo continha, apresentava realidade. Essa realidade suprema era uma totalidade cujas partes eram todas inter-relacionadas. Russell iria comparar essa totalidade a uma gelatina: assim que se tocava uma parte dela, a totalidade tremia. No entanto, diferentemente de uma gelatina, essa totalidade não podia ser cortada em partes *separadas*. Segundo McTaggart, embora essa realidade última existisse num mundo ideal acima e além da chamada realidade que experimentamos, era possível deduzir sua natureza. Isso podia ser feito partindo-se de certas verdades evidentes por si mesmas e apenas duas premissas empíricas — a saber, que alguma coisa existe e que tem partes. Como é evidente, esse idealismo absoluto não só se assemelhava de forma sobrenatural ao mundo da matemática, como ia além dele, incluindo o meramente matemático no esquema mais amplo das coisas em uma filosofia da totalidade. Russell ficou extasiado. Ali estava uma filosofia que atendia às suas necessidades gêmeas — da certeza da geometria e do sublime místico.

Mas Russell descobriu que possuía também necessidades meramente humanas. Ainda antes de ir para Cambridge, havia conhecido uma quacre americana chamada Alys Pearsall Smith e se apaixonado por ela. Ele tinha apenas 17 anos e ela, 22 — uma diferença de idade de cinco anos que representava um abismo no desenvolvimento dos dois. Russell não declarou seu primeiro amor, deixando-o amadurecer em segredo. Alys tinha idéias sociais avançadas mas continuava rigorosamente religiosa e dedicava parte de seu tempo a fazer palestras em reuniões pela abstinência de álcool. Só quatro anos mais tarde Russell revelou seus sentimentos, tendo então a agradável surpresa de saber que eram correspondidos. Numa era de emoção reprimida como aquela, quando tão poucos tinham alguma experiência de lidar com seus sentimentos, até o amor platônico podia tornar-se rapidamente uma paixão avassaladora. Dentro de poucos meses Bertie e Alys estavam planejando se casar. A reação de Lady Russell era previsível. Indignada ao ver que aquela americana interesseira corrompera seu angelical Bertie, fez tudo o que estava a seu alcance para pôr um fim no romance. Bertie não arredou pé — em meio a lágrimas, repreensões, acusações de ingratidão e ameaças —, garantindo que iria se casar com Alys assim que completasse 21 anos. Então estaria legalmente livre para tomar suas próprias decisões e herdaria também uma renda suficiente para sustentá-los aos dois. Em 1894 estavam casados.

Russell graduou-se com excelência em ciência moral (filosofia) e foi então eleito *fellow* do Trinity College. Esse cargo não acarretava quaisquer outras obrigações além da de pesquisar. O sr. e a sra. Russell partiram para uma viagem pela Europa, onde optaram por um prolongado período na Alemanha. Ali Russell se interessou pela política e chegou a escrever um livro chamado *Socialdemocracia alemã*, que veio a ser sua primeira obra publicada.

Quando finalmente voltou a Cambridge, foi apresentado a G.E. Moore, considerado por muitos como o jovem expoente da universidade. A atitude de Moore em relação à filosofia era obstinadamente saudável. Ele rejeitava o idealismo de McTaggart sob a alegação de que este simplesmente contrariava o senso comum. Moore insistia em acreditar no mundo físico que experimentava. Russell, cujo pensamento andara sofrendo acentuada transformação, estabeleceu rapidamente uma colaboração com Moore. Estava começando a compreender que o mundo hegeliano do idealismo absoluto não tinha relação alguma com as realidades da experiência física. Mas a ciência e a realidade material simplesmente não podiam ser ignoradas. Viu-se então adotando uma visão empírico-materialista do mundo. Experiência é o que é real, e o que experimentamos é o mundo material. Descobriu-se incapaz, no entanto, de abandonar sua crença mística na matemática. "Os homens mais notáveis que foram filósofos sentiram necessidade tanto da ciência quanto do misticismo." A necessidade de conciliar essas aparentes disparidades fazia da filosofia "algo maior que a ciência e também que a religião". Russell passou a tentar fazer exatamente isso, iniciando uma investigação dos princípios da matemática. Seu pensamento dera a volta completa. O homem de 26 anos estava enfrentando a questão suscitada pelo menino de 11 anos em seu primeiro encontro com Euclides. Como se poderiam descobrir os princípios fundamentais sobre os quais se erguia a matemática? Como Russell expressou na época: "Embora o trabalho seja quase inteiramente matemático, seu interesse é quase inteiramente filosófico." Sua busca era pela certeza mais fundamental.

Euclides havia começado com axiomas, que eram a base da geometria. Mas qual era a base desses axiomas? Eles não eram puramente aleatórios — portanto, não deveriam estar de acordo com *algo*? Russell concluiu que esse algo fundamental só podia ser a lógica. Os axiomas básicos da geometria, e igualmente os conceitos fundamentais da matemática como um todo, tinham de ser lógicos. Qual era então a base lógica de que a matemática derivava?

Em julho de 1900 Russell compareceu ao Congresso Internacional de Filosofia em Paris. Ali conheceu o lógico matemático italiano Giuseppe Peano, que estivera trabalhando por vários anos sobre os fundamentos do número. O objetivo de Peano era ir além da idéia de número como simples intuição, e estabelecer em seu lugar um método lógico sobre o qual o conceito de número pudesse ser fundado, e a partir do qual os próprios números pudessem ser gerados. Ao longo desse trabalho, desenvolvera uma série de símbolos lógicos fundamentais que permitiam que conceitos e proposições fossem analisados em suas partes constituintes elementares. Por exemplo, introduzira símbolos distintos para "uma classe que tem um membro" e "o membro dessa classe". Essa sutileza lhe permitira superar a confusão lógica anterior entre os conceitos "é um membro de", "está contido em", e "é igual a". Russell ficou profundamente interessado: nunca antes encontrara tamanho rigor lógico. Andara experimentando enorme dificuldade em sua tentativa de desenredar os princípios básicos da matemática. Agora, porém, suas "sensações se assemelhavam àquelas que temos depois de escalar uma montanha em meio a uma névoa, quando, ao atingir o pico, a névoa se dissipa de repente, e a região se torna visível por 60 quilômetros em todas as direções."

Anteriormente Russell vira o universo como uma tigela de gelatina; agora comparava-o a um balde de chumbinhos. A totalidade dera lugar a uma miríade de partes discretas. Isso exigia uma abordagem diametralmente diferente. Em vez de síntese, era agora necessário aplicar análise — que deriva da palavra grega para *desatar*. O balde de chumbinhos consistia em partes separadas, cada uma em contato apenas com as que a cercavam. Qualquer compreensão desse novo universo discreto exigia uma análise da relação entre as partes distintas.

A ênfase deslocara-se agora para a natureza atômica do universo, que era passível de análise lógica. Aqui Russell estava se referindo não tanto a átomos físicos quanto à antiga idéia grega que deu origem à noção de átomos. Segundo Demócrito, filósofo do século V a.C., se fôssemos dividindo a matéria acabaríamos inevitavelmente por chegar a algo indivisível. Seria "o que não pode ser cortado" — em grego *a-tomos*, donde a palavra átomo. Demócrito chegara a essa noção não por experimento, mas puramente por raciocínio lógico. Esse era agora também o objetivo de Russell: desejava chegar aos átomos indivisíveis da lógica em que a matemática se baseava. Inicialmente chegara aos conceitos básicos de "número", "ordem" e "todo e parte". Mas agora Peano lhe mostrara como ir além da intuição imediata do número, demonstrando que ele podia ser gerado a partir de certos postulados ainda mais fundamentais.

1. 0 é um número.
2. O sucessor de qualquer número é um número.
3. Não há dois números com o mesmo sucessor.
4. 0 não é o sucessor de nenhum número.

Russell não ficou inteiramente convencido por essa lógica, mas reconheceu de imediato que seu método era a chave do problema. Em vez de seu conceito anterior de "todo e partes", decidiu usar a noção de "classe" (como em "a classe de todas as maçãs", "a classe de todos os problemas irresolvidos" etc.). Classe é uma distinção lógica: baseia-se na lei lógica fundamental da identidade. Uma coisa não pode ser ao mesmo tempo ela mesma e não ser ela mesma. (O mundo se divide em "maçãs" e "coisas que não são maçãs".) Russell foi capaz de demonstrar que a noção de classe é anterior à de número. Por exemplo, podemos conceber a classe das maçãs sem colher todas as maçãs e pô-las juntas. Mesmo sem contar o número das maçãs nessa classe, podemos dizer algumas coisas muito precisas sobre ela. Por exemplo: essa classe não incluirá nenhuma pêra; seus membros serão todos frutas; e assim por diante. A partir disso podia-se ver que a noção de classe é logicamente anterior à de número. Em outras palavras, a noção lógica de classe era mais fundamental que a de número.

Russell passou então a usar a noção de classe para gerar o conceito de número, e depois todos os números individuais. Uma versão simplificada do método de Russell é a seguinte:

– A classe de todos os objetos que não são idênticos a si mesmos tem 0 membro.

– Mas todas as classes vazias têm os mesmos membros, portanto elas não são iguais umas às outras; são de fato idênticas. São a *mesma* classe.

– Há portanto apenas uma classe vazia. Por conseguinte, a partir de 0 geramos a noção de 1.

– A classe das classes vazias contém portanto um membro. Por conseguinte a classe das classes vazias e seus membros fazem 2. E a classe da classe das classes vazias e seus membros nos levam a gerar o número 3, e assim por diante.

– Toda a matemática poderia ser gerada a partir da noção lógica de classes, que derivou da noção lógica fundamental de identidade.

Com este método, Russell havia estabelecido dois pontos vitais. Demonstrara que as verdades da matemática podiam ser traduzidas nas verdades da lógica. E isso atestava que a matemática não tinha de fato nenhum assunto distinto que lhe fosse próprio, como números. Todas as verdades matemáticas eram portanto, em teoria, redutíveis em última análise à forma lógica. Isso significava que podiam ser *provadas* pela lógica. (O desejo do menino de 11 anos se realizara: até os axiomas da geometria podiam ser provados!)

Em 1903 Russell publicou *Os princípios da matemática*. Essa obra o firmou como um pensador filosófico de primeira grandeza, especialmente na Europa, onde esse tópico se tornara objeto de intensa especulação. Com o novo século, a filosofia estava se afastando das especulações grandiosas da metafísica, personificadas por Hegel, e começara a se concentrar no problema mais preciso do conhecimento humano. Qual era a base de nosso conhecimento e como podíamos saber que era verdadeiro? O primeiro passo fora aplicar essa pergunta ao conhecimento mais certo e infalível de que se dispunha, a saber, a matemática. E a resposta parecia residir na análise lógica. Havia o consenso de que Russell não resolvera a questão completamente; persistia ainda o problema representado por formas menos rígidas de conhecimento, como a ciência. Mas os pensadores reconheceram que Russell dera um passo significativo rumo à solução de um dos pontos que haviam perturbado filósofos desde os tempos gregos antigos.

Como sua argumentação era essencialmente filosófica, Russell escrevera *Os princípios da matemática* em inglês corrente (ou tão próximo dessa entidade mítica quanto um filósofo pode chegar). Mas, como Peano mostrara, a linguagem pode muitas vezes encobrir distinções lógicas decisivas. Russell pretendia agora escrever um segundo volume firmando sua argumentação na forma mais precisa dos símbolos lógicos, superando assim possíveis mal-entendidos. As imensas dificuldades geradas por esse projeto o levaram a trabalhar com o matemático de Cambridge Alfred North Whitehead, que fora seu professor nos seus tempos de graduação. Whitehead era o único matemático em Cambridge a quem Russell admirava; tinha também um conhecimento completo de filosofia e lógica. Essa seria uma parceria equilibrada. Juntos, os dois começaram a desenvolver uma lógica simbólica que ampliava a concepção original de Peano. Esse foi o início de *Principia mathematica*, uma colaboração que acabaria por tomar nada menos de dez anos de Russell e Whitehead. Nas palavras de Russell, eles iriam mostrar que "a lógica é a juventude da matemática e a matemática é a maturidade da lógica". Começariam com um mínimo irredutível de conceitos lógicos, representados de forma simbólica clara. Avançariam então passo lógico a passo lógico, para mostrar como a totalidade da lógica, e depois da matemática, podia ser derivada apenas desses conceitos básicos. Seria um projeto imenso, exigindo muitas vezes uma inventividade diabólica, envolvendo muitas centenas de páginas recobertas de símbolos lógicos. Mas valeria a pena. O que ele iria estabelecer seria absoluto e irrefutável: o status do conhecimento humano seria transformado para sempre. Esse seria o mais formidável avanço na certeza filosófica desde que Aristóteles descobrira a lógica, mais de dois milênios antes.

Quando esse projeto chegou a seu terceiro ano, aconteceu o desastre. Russell descobriu uma falha que atingia o cerne de sua argumentação lógica. Tratava-se de um paradoxo que parecia tornar a própria noção de classe contraditória. Hoje ele é conhecido como o paradoxo de Russell.

Imagine uma biblioteca que, além de suas estantes de livros, possui dois catálogos. O primeiro lista todos os livros que se referem a si mesmos — por exemplo, "como mencionado anteriormente no capítulo 2". O segundo catálogo lista todos os livros da biblioteca que não se referem a si mesmos. Em que catálogo seria listado o segundo catálogo? Se for listado em si mesmo, torna-se imediatamente um livro que se refere a si mesmo. Mas não pode ser listado no primeiro catálogo porque não se refere a si mesmo. O paradoxo parece irredutível.

Mas o que tem isso a ver com classes? Na formulação de Russell, a argumentação se desenvolve da seguinte maneira: em vez dos dois catálogos, temos duas classes. Primeiro há a classe de todas as classes que são membros de si mesmas. Por exemplo, a classe de todas as classes *é* membro de si mesma, porque é ela própria uma classe. Segundo, temos a classe de todas as classes que não são membros de si mesmas. Entre estas está a classe de todos os números, que não é ela própria um número. Ora, e a classe de todas as classes que não são membros de si mesmas, é ela um membro de si mesma? Se for, não é. Se não for, é. Resulta o mesmo paradoxo encontrado com os catálogos da biblioteca.

Isso pode parecer trivial, e foi essa a impressão que Russell teve de início. O problema, no entanto, é que destrói toda a noção de classe como entidade lógica. E fora a partir de classes que o número tinha sido gerado. Sem a noção de classes, era impossível avançar da lógica para a matemática de maneira logicamente irrefutável. No fim das contas, a matemática não podia ser reduzida à lógica. Ela não era logicamente necessária, era contingente. Seus procedimentos *dentro* de si mesma podiam ser rigidamente lógicos, mas como sistema ela se baseava em última análise em axiomas que não tinham nenhuma justificação lógica. Em certo sentido esses axiomas eram arbitrários, não havia *razão* alguma para eles. Eram axiomas que se tinha de aceitar sem maior justificação, como tivera de fazer o menino de 11 anos que aprendia Euclides com seu irmão mais velho.

Quanto mais Russell refletia sobre esse paradoxo, mais profundo e insuperável ele lhe parecia. Escreveu sobre sua descoberta para o grande lógico matemático alemão Gottlob Frege, que por anos estivera envolvido num projeto semelhante. Frege ficou aterrado, vendo a obra de sua vida aparentemente em ruínas. Em sua resposta a Russell, exclamou: "A aritmética acabou!" Russell tentou sobreviver: "Todas as manhãs eu me sentava diante de uma folha de papel em branco. Ao longo de todo o dia, com um breve intervalo para o almoço, contemplava essa folha em branco. Muitas vezes, quando a noite caía, ela continuava vazia." Russell escreveu ao famoso matemático francês Henri Poincaré, que respondeu que o paradoxo de Russell era pouco mais que uma versão do antigo paradoxo grego proposto por Epimênides o Cretense quando afirmou: "Todos os cretenses são mentirosos." Russell escreveu num pedaço de papel: "Todos os cretenses são mentirosos, disse o cretense", e ficou olhando para isso por dias a fio. Uma das mais exímias mentes filosóficas da Europa, no ápice de sua capacidade, estava reduzida a ponderar o que parecia não passar de um enigma curioso. E como se isso não bastasse: "Adquiri o costume de passear pelo *campus* toda noite das onze à uma, com o que vim a conhecer os três ruídos diferentes feitos pelos curiangos. (A maioria das pessoas só conhece um.) Eu estava fazendo um grande esforço para resolver as contradições mencionadas acima."

Finalmente, em 1906, Russell produziu uma resposta na forma de sua teoria dos tipos. Esta distinguia uma hierarquia de classes ascendentes, ou *tipos* de classes. Assim havia a classe dos gatos e uma classe mais elevada dos animais. O que era verdadeiro para um tipo de classe não era necessariamente verdadeiro para o tipo acima dele. O que era verdadeiro para classes de indivíduos (p.ex., gatos) nem sempre seria verdadeiro para classes de classes (p.ex., animais). Uma classe podia ser membro de si mesma (p.ex., a classe de todas as classes), mas não podia se referir a si mesma. Classes que se referiam a si mesmas eram sem sentido. Por exemplo, falar da "classe de todos os gatos que são felinos" era absurdo. Isso se tornava ainda mais evidente quando se falava da "classe de todos os gatos que não são felinos". Nas palavras de Russell: "Tudo que envolve a totalidade de uma coleção não pode ser membro de uma coleção." Isso significa que nem a "classe de todas as classes que são membros de si mesmas" nem a "classe de todas classes que não são membros de si mesmas" poderiam conter a si mesmas. O paradoxo estava resolvido!

Russell ficou radiante, e declarou: "Depois disso só restava escrever o livro." Mesmo assim, terminar *Principia mathematica* provou-se uma tarefa espinhosa. Whitehead não pôde mais ajudar Russell em razão de seus encargos docentes em Cambridge. Para completar a obra comum deles, Russell se viu trabalhando de dez a doze horas por dia nos oito meses seguintes. Quando foi finalmente concluído, *Principia mathematica* consistia em três volumes que se estendiam por mais de quatro mil páginas de lógica simbólica rigorosa, meticulosamente demonstrada. Cada passo tinha de ser demonstrado a partir dos princípios fundamentais — em tal medida que a proposição "1 + 1 = 2" não era atingida antes da metade do segundo volume!

Como não é de surpreender, Russell declarou mais tarde: "Meu intelecto nunca se recuperou por completo do esforço." Em 1909 Russell já havia terminado *Principia mathematica*, mas a publicação dos três volumes continuou pelos três anos seguintes. Dificilmente se esperaria que uma obra como essa se tornasse um *bestseller*, mas ela se provou terrivelmente difícil até para filósofos e matemáticos. Mais tarde Russell declarou que só tinha conhecimento de seis pessoas que tinham conseguido ler todos os três volumes. Apesar disso, *Principa mathematica* foi saudado como "um marco na história do pensamento especulativo". Com o tempo a obra teria profunda influência sobre a investigação matemática, científica e filosófica por toda a Europa.

A teoria dos tipos de Russell abriu caminho para o positivismo lógico, a filosofia européia dominante nas décadas de 1920 e 1930. Sua descoberta de que uma proposição podia ser sintática e logicamente correta e ao mesmo tempo sem sentido foi seminal para o pensamento positivista lógico. Para os positivistas lógicos, o sentido de uma proposição consistia no método que permitia sua verificação. Isso os levou a distinguir três tipos de proposições.

Aquelas que envolviam matemática e lógica eram consideradas tautológicas. Isto é, uma parte da proposição era afinal uma explicação da outra. (Por exemplo: $2 + 2 = 4$, ou mesmo $x^n + y^n = z^n$.)

O segundo tipo de proposição podia ser verificado pela experiência. Incluiria todas as afirmações como "Hoje é quinta-feira". Incluiria também todas as afirmações científicas; por exemplo, "A água ferve a 100º C". Todas as afirmações como essas eram passíveis de verificação.

O terceiro tipo de proposição continha afirmações metafísicas como "Deus existe" ou "O Universo tem um propósito". Uma vez que essas proposições são inverificáveis, não havia sentido em falar sobre elas. Afirmações desse tipo eram sem sentido.

Mas isso conduziu a dois obstáculos. Todas as afirmações éticas e históricas recaíam na terceira categoria. Estritamente falando, afirmações como "Comer gente é errado" e "Colombo navegou através do Atlântico em 1492" permaneciam inverificáveis. Uma terceira objeção provou-se ainda mais ruinosa. A afirmação "o sentido de uma proposição é seu método de verificação" também recaía na terceira categoria. Este paradoxo, diferentemente do de Russell, recusou-se a desaparecer.

Mas até o paradoxo de Russell provou não ter sido permanentemente eliminado. Logo se descobriu que nem todas as classes que se referiam a si mesmas eram absurdas ou sem sentido. De fato, várias categorias bem estabelecidas da matemática se fundavam em classes que se referiam a si mesmas. Essas categorias não podiam ser abandonadas; por outro lado, parecia não haver nenhum meio lógico de distingui-las de classes absurdas. A tentativa de provar que a matemática é lógica estava levando agora a águas ainda mais turvas. Esse último desenvolvimento parecia sugerir que a própria matemática podia conter paradoxos que estavam além do alcance da lógica. Isso, é claro, era totalmente inaceitável. Apesar disso, todas as tentativas de provar o contrário malograram. Esse estado de coisas não seria completamente resolvido até 1931. Então, para o horror de todos os envolvidos, o austríaco Kurt Gödel, de 25 anos, conseguiu demonstrar que a matemática continha *mesmo* um paradoxo. Gödel apresentou uma prova lógica que demonstrou isso de uma vez por todas. Segundo essa prova, qualquer sistema complexo, como a matemática, que tentasse se basear em axiomas estava fadado a conter em si certas proposições aparentemente verdadeiras que não podiam ser provadas, ou refutadas, dentro daquele mesmo sistema. Era sempre necessário introduzir um axioma adicional, fora do sistema, para provar ou refutar tais proposições. No entanto, assim que qualquer novo axioma que permitia a prova dessas proposições era introduzido, isso tinha por único efeito gerar outras proposições que não podiam ser provadas nem refutadas. Em outras palavras, qualquer tentativa de basear a matemática num conjunto de axiomas básicos estava condenada de saída. A matemática era por sua própria natureza "incompleta". Isso deixou os filósofos e os lógicos num impasse. A matemática, contudo, não parou, e os matemáticos persistiram alegremente em sua atividade ilógica. A situação permanece irresolvida até hoje, e os matemáticos continuam a acreditar na matemática a despeito da condenação de Gödel. Eles adotam a idéia de senso comum de que, embora possa não haver nenhuma razão (filosófica) para isso, continuam a acreditar ilogicamente na matemática — porque ela funciona. As pontes construídas segundo especificações matemáticas não desabam, os aviões não caem, e até os foguetes conseguem pousar em Marte. Há casos em que a teoria pode ter boas razões, mas a prática tem melhores.

Os anos dedicados à redação de *Principia mathematica* haviam culminado nos oito meses de esforço mental solitário e torturante de Russell. Mas os anos anteriores não haviam passado em branco. Isso se deveu em grande medida à imaturidade emocional de Russell. Considerando a época e a criação que tivera, essa dificuldade talvez seja compreensível. No que dizia respeito às emoções dos outros, ele era capaz de uma leviandade estabanada com seus colegas de faculdade; quando eram as suas emoções que estavam em jogo, porém, continuava intenso e obstinado. Seus problemas emocionais eram submetidos a um escrutínio intelectual constante e inadequado. Russell era um homem de princípios arraigados *e* um filósofo (o que nem sempre é a mesma coisa). Quando seu raciocínio intelectual o levava à compreensão de uma verdade, acreditava em revelar essa verdade — e, quando necessário, pô-la em prática. O exemplo mais notório disso ocorreu em

1903. "Saí de bicicleta uma tarde e de repente, quando seguia por uma estrada de terra, dei-me conta de que não mais amava Alys. Até aquele momento não tivera a menor idéia de que meu amor por ela estava sequer diminuindo." Seria a maturidade emocional de Russell realmente tão precária que ele só conseguia compreender seus próprios sentimentos nessas suas "descobertas" espontâneas? Ou isso era apenas uma lorota egoísta? Como o paradoxo filosófico que recebeu seu nome (e sobre o qual estava refletindo profundamente durante esse período), ocorriam evidentemente ambas as coisas e ao mesmo tempo nenhuma delas.

Russell considerou que era seu dever moral informar Alys da sua descoberta. O efeito foi previsivelmente devastador. Não podemos deixar de pensar, contudo, que Alys — uma criatura mais velha e um tanto mais consciente — devia certamente ter percebido que nem tudo ia bem entre eles. O fato foi que ela se recusou a aceitar o inspirado lampejo de autoconhecimento do marido e se agarrou a ele. Russell achou isso irritante. O comportamento intransigente dos dois cônjuges significou que, pelos oito anos seguintes, seu casamento mergulhou mais e mais profundamente no tormento. Apesar de períodos de distanciamento, só se separariam de vez em 1911. Durante esse tempo ambos sofriam de acessos ocasionais de quase total desespero — os de Russell eram por vezes não só emocionais como intelectuais. Quando as dificuldades de seu imenso trabalho filosófico o assoberbavam, costumava andar pelo mato à noite pensando em suicídio. A aflição de Alys em seu quarto pode apenas ser imaginada.

Essa foi uma década emocionalmente carregada para Russell, pois ele se apaixonou, e se desapaixonou com igual rapidez, por uma sucessão de mulheres. Eram casos intensos, ocasionalmente unilaterais, ocasionalmente platônicos, ocasionalmente com mulheres mal casadas. Parecem ter envolvido as poucas mulheres que mostraram algum interesse naquela figurinha aristocrática um tanto esquisita, com um bigode áspero e maneirismos que lembravam uma ave. Em certa altura ele se apaixonou até pela mulher inválida de seu colaborador e grande amigo Whitehead. Esses casos davam a Russell considerável culpa, pois apesar de um cânone emocional frouxo ele continuava sendo um homem de princípios e, no fundo, um pouco puritano. Foi finalmente curado dessas aflições em 1910, quando, aos 38 anos, apaixonou-se por Lady Ottoline Morrell, a exótica esposa, de 37 anos, de um amável e liberal membro do Parlamento, que era também fabricante de cerveja.

Ottoline era famosa por sua basta cabeleira alaranjada, sua cara de cavalo pesadamente empoada e suas roupas exóticas, espalhafatosamente coloridas. Era alternadamente dominadora, despreocupada e desesperadamente insegura. Essa combinação parece ter feito dela uma personalidade intrigante e extremamente atraente. E não só para Russell. O Círculo de Bloomsbury iria desfrutar mais tarde fins de semana regulares em Garsington, a casa de campo dos Morrells em Oxfordshire — embora nunca tivessem realmente aceitado Ottoline e fossem caracteristicamente maldosos a respeito dela pelas costas. Tanto mais que ela parecia ter cativado um gigante intelectual do porte de Russell.

Durante os cinco anos em que mantiveram um caso, ela e Russell se corresponderam regularmente. Na medida em que era capaz, Russell abria seu coração e sua mente para ela. Ela, à sua maneira, o "humanizava". Foi Ottoline quem mostrou a Russell como era possível também para ele levar uma vida normal. A seu modo, capenga, eles passaram a se amar um ao outro.

Mas esse não foi o caso mais intenso de Russell durante esses anos. Como era de se prever, seu principal relacionamento foi de natureza intelectual. Menos previsivelmente, foi Russell quem desempenhou o papel maduro nesse relacionamento apaixonado, combativo mas não sexual. Ludwig Wittgenstein apareceu sem ser anunciado nos aposentos de Russell em Cambridge numa tarde de outono de 1911. Era um homem espantosamente bonito, com empertigadas maneiras vienenses. Desde o início insistiu em falar num inglês claudicante, embora Russell fosse fluente em alemão. Wittgenstein era um herdeiro da mais poderosa família industrial do Império Austro-Húngaro. Inicialmente recebera educação particular no palácio da família, onde Brahms era volta e meia contratado para dar recitais privados. Mais tarde estudara engenharia em Berlim e depois aeronáutica em Manchester, onde passara a se interessar pelos fundamentos da matemática. Tipicamente, procurara saber quem eram as figuras exponenciais nesse campo, e fora informado sobre Russell e Frege. Sem mais cerimônias, o jovem e inexperiente estudante de engenharia pôs-se a discutir suas primeiras idéias lógicas sobre os fundamentos da matemática com as duas autoridades mundiais no campo. Nas palavras de Wittgenstein, o irritado Frege "o reduziu a pó". Russell, por outro lado, ficou intrigado. Reconheceu de imediato que havia algo de excepcional em Wittgenstein. Consciente ou inconscientemente, pode até ter reconhecido a si mesmo, mais jovem, nele. Wittgenstein acreditava apaixonadamente em sua busca filosófica: ela se transformara na totalidade de sua vida. Quando lhe pareceu que fora incapaz de alcançar seus elevados ideais, seu primeiro pensamento foi o suicídio.

Wittgenstein rapidamente tornou-se habitué dos aposentos de Russell. Aparecia por volta da meia-noite, andava agitadamente pelo tapete sem dizer uma palavra, depois submetia Russell a um ardente interrogatório. Devia cometer o suicídio? Devia tornar-se um filósofo, ou devia tornar-se um aeronauta? Russell aconselhava-o contra o suicídio e contra a carreira de aeronauta (duas atividades não muito diferentes naquela época). No fim das contas, Wittgenstein decidiu que se tornaria um filósofo e começou a bombardear Russell com suas idéias sobre lógica. Russell guiou-o pacientemente, discutindo com sensibilidade, abrindo-lhe a mente para os problemas filosóficos envolvidos. Graças a seu "fogo, penetração e pureza intelectual", numa questão de meses o pupilo estava se engalfinhando com problemas fundamentais. Wittgenstein, que aos 22 anos tinha pouco mais que a metade da idade de Russell, era arrogante, persistente e resoluto. Para ele, a lógica era o santo graal. Russell, que acabara de passar dez anos compreendendo os problemas e as limitações mais profundas da lógica, era gentilmente insistente.

Durante uma célebre discussão, Russell pediu a Wittgenstein que considerasse a proposição: "Não há nenhum hipopótamo nesta sala no momento." Wittgenstein recusou-se a aceitar a verdade dessa proposição sob a alegação de que ela não era logicamente necessária. Russell imediatamente começou a olhar debaixo das mesas, perguntando-se em voz alta onde poderia estar o hipopótamo. Ainda assim, Wittgenstein recusou-se a acreditar na proposição de Russell. Era *logicamente* possível que houvesse um hipopótamo na sala. Russell insistiu que não podia ser assim, em bases empíricas. Aqui residem as sementes da futura divergência dos dois. Wittgenstein fundaria sua filosofia na lógica e na linguagem. A filosofia de Russell estava mais interessada na realidade científica.

Após analisar os fundamentos da matemática em *Principia mathematica*, Russell ampliou sua investigação à epistemologia em geral — isto é, a fundamentação de todo conhecimento. Qual a conexão — se é que há alguma — entre "nosso" conhecimento e o "mundo externo"? Começou examinando nossa experiência. Evidentemente era possível ser enganado pelo que experimentamos — em sonhos, miragens, delírios e assim por diante. Por outro lado, simplesmente não era plausível duvidar da totalidade de nossa experiência com base nisso. Ele acreditava que "é preciso entregar-se ao trabalho de duvidar das coisas e reter apenas aquilo de que não se pode duvidar por causa de sua clareza e distinção". Essa clareza e distinção decorrem dos elementos fundamentais de nossa experiência: "dados sensoriais". Esses dados são as percepções individuais que recebemos através de nossa visão, audição, olfato, paladar e tato. Embora não sejam puramente mentais, essas entidades não são em si mesmas os objetos materiais que agem sobre os nossos sentidos. Podemos falar de objetos comuns — como uma maçã —, mas o conhecimento que travamos com um objeto assim é composto de dados sensoriais individuais. São estes que nos dão a sensação de vermelho, redondo, sólido, liso e assim por diante, que nos levam a construir o objeto "maçã". O mesmo se passa com a coerência, a consistência e a continuidade do mundo dos objetos. Os objetos duradouros do mundo material consistem de *construções lógicas* feitas a partir de nossos dados sensoriais.

É fácil avançar dessa teoria da epistemologia para a visão de mundo científica. Todos os instrumentos de medida e observação não passam de extensões de nossos sentidos; também eles não nos fornecem nem mais nem menos que dados sensoriais. A partir do mais débil pontinho cintilante de luz observado através de um telescópio, construímos logicamente uma vasta estrela a milhões de anos-luz de distância. Fazendo uma luz passar por um espectrômetro, podemos construir logicamente o minúsculo comprimento de onda dessa luz.

Cento e cinqüenta anos antes, o filósofo escocês David Hume havia esboçado a teoria empírica final da epistemologia. Todo o conhecimento humano certo era baseado em impressões sobre nossas "sensações, paixões e movimentos". Nosso conhecimento do mundo externo vinha unicamente da percepção — até nossa compreensão de coisas como corpos, causalidade e assim por diante era alcançada apenas pelo processo incerto da indução. Não *sabíamos* que uma bola de bilhar era um objeto individual. Isso era simplesmente uma interpretação de nossas impressões, uma idéia induzida. Não *sabíamos* que o sol iria se levantar amanhã cedo, ou que o fogo queima o papel — esse conhecimento era uma mera suposição baseada em nossa idéia induzida de probabilidade ou causação. Está Russell de fato dizendo algo mais que isso? A chave da teoria do conhecimento de Russell e sua originalidade residem na ênfase que deu à construção lógica. Não experimentamos realmente um objeto material duradouro, como uma "montanha". Essa noção é montada por um processo de construção lógica que apenas se inicia com nossos dados sensoriais.

O objetivo de Russell era nada menos que reunir filosofia e ciência, como fora o caso na Grécia antiga e novamente no século XVII. (A obra capital de Newton sobre a gravidade intitulou-se *Princípios matemáticos da filosofia natural.*) Mas aqui Russell se deparou com uma dificuldade. Se simplesmente construíamos o mundo material a partir de dados sensoriais, que era então o próprio mundo material? Seria uma mera construção lógica dentro de nossa cabeça? Não teria nenhuma existência independente fora de nossos processos mentais, fora de nossa cabeça? E se tinha, como podíamos saber sobre ele?

Russell voltou-se então para o problema do mundo externo. Anteriormente havia trabalhado os dados sensoriais "para a frente" — com a construção lógica do conhecimento. Agora trabalhava-os "para trás", para construir a matéria. A substância do mundo, a própria matéria, consistia de "todos os dados sensoriais que todos os observadores possíveis podiam observar ao perceber a mesma coisa". Um objeto material visto e percebido a partir de todas as perspectivas possíveis *era* o objeto material. Os dados sensoriais eram funções do objeto.

A matéria não era um segredo misterioso, incognoscível, que se emboscava por trás das percepções que tínhamos dela, como filósofos anteriores (Kant por exemplo) haviam sugerido. Não havia nenhum enigma, nenhum segredo no mundo — tão-somente "a ciência, a sóbria luz do dia e as ocupações do cotidiano". A filosofia, e o mundo, eram tão claros e óbvios quanto a ciência os apresentava. Os dados sensoriais eram uma relação direta entre a mente e o mundo não-mental — quer fossem objetos físicos ou idéias abstratas. Esta última categoria conferia uma realidade platônica a coisas como nossa idéia de beleza ou de bondade, ou ainda a entidades como os números. Estes "existiam" em forma abstrata. Dessa maneira, a mente estava também diretamente relacionada com a matemática. Conceitos como o de número eram análogos a dados sensoriais básicos.

Nossos processos mentais lidavam com essas noções básicas — cor, número e assim por diante — como elementos irredutíveis, atômicos. Assim como o mundo era feito de átomos e combinações de átomos, nosso conhecimento era feito desses elementos irredutíveis. Estes podiam ser manipulados, combinados ou classificados — pelo uso da lógica. Isso levou Russell a chamar sua filosofia "atomismo lógico". Para descobrir se um sistema era verdadeiro, podíamos decompô-lo em seus átomos lógicos e ver se estes haviam se combinado de uma maneira lógica correta. Esse método, que veio a ser conhecido como análise lógica, tornou-se uma das forças dominantes na filosofia do século XX.

Um exemplo simples de análise lógica pode ser aplicado à seguinte proposição: "O atual rei da

França é calvo." Isto parece afirmar uma relação simples, que pode ser tanto verdadeira quanto falsa. Mas na realidade ela nos apresenta um paradoxo. Não é verdadeira nem falsa — é absurda. Por quê? Porque "o atual rei da França" é algo que não existe. Esta proposição pode ser analisada em partes atômicas constituintes: "existência atual", "o rei da França", e "ser calvo". Muito simplesmente, a proposição original deveria dizer de fato: "Existe tal coisa como o rei da França, e ele é calvo." A primeira parte disto é falsa, e conseqüentemente "o rei da França" não pode estar em relação com "ser calvo".

Enquanto trabalhava com esses problemas, Russell punha à prova muitas das idéias que estava desenvolvendo com Wittgenstein. Logo estavam trabalhando em pé de igualdade. No entanto, sob essa aparente parceria filosófica estavam começando a aparecer profundas divergências. Wittgenstein insistia no primado da lógica, enquanto a epistemologia de Russell dizia respeito cada vez mais à noção de matéria, o "mundo real" da ciência. Aquele foi um período particularmente efervescente de descoberta científica — um dos maiores na história da ciência. Einstein havia publicado seu primeiro artigo sobre a relatividade especial em 1905. Segundo este, tempo e movimento eram relativos, e a matéria era uma forma de energia ($E = mc^2$). Nesse meio tempo, na altura de 1912 Niels Bohr estava começando a desenvolver a teoria quântica, que mostrava que as leis da física clássica não mais vigoravam em níveis subatômicos. Espaço e tempo não eram absolutos; ilogicamente, a luz podia ser tanto uma partícula sólida quanto uma onda (que não tem massa). Russell estava ciente desses desenvolvimentos. Era claro que qualquer nova teoria filosófica do conhecimento teria de levar em conta desenvolvimentos revolucionários como esses. À luz da relatividade e da teoria quântica, a epistemologia, tal como era compreendida então, simplesmente se desintegrava.

Muitos ainda questionam se ela se recuperou. Einstein e Bohr eram ambos extremamente intrigados com os problemas epistemológicos suscitados por suas descobertas. Hoje em dia os cientistas que lidam com entidades subatômicas elementares como quarks e supercordas já não se interessam por epistemologia. São as supercordas partículas reais ou simplesmente entidades matemáticas? Questões como esta lhes são indiferentes. As supercordas "funcionam" em suas equações: isso é tudo que interessa aos cientistas. Eles reagem à ilogicidade da ciência mais ou menos como os matemáticos reagiram à refutação da certeza matemática por Gödel. Assim, a filosofia ainda tem algo a dizer sobre a matéria? Ou a epistemologia é para todos os efeitos redundante aqui?

Russell reconhecia a importância fundamental desse problema e estava decidido a enfrentá-lo. Wittgenstein, por sua vez, julgava que os fundamentos da epistemologia residiam em outra parte. Tanto Russell quanto Wittgenstein davam grande ênfase à lógica, mas daí por diante seus caminhos iriam se separar. Para Russell a filosofia era mais do que a lógica. Para Wittgenstein a lógica era suprema. Concordava com Russell quanto aos constituintes atômicos do conhecimento e à necessidade de analisar a linguagem para se chegar a esses constituintes. Porém, para ele a estrutura da linguagem revelava a estrutura do mundo. Sua primeira obra de peso, *Tractatus logico-philosophicus*, afirmou muito simplesmente: "O mundo é a totalidade dos fatos, não das coisas. ... Os fatos em espaço lógico são o mundo." Desse ponto de partida, chegaria finalmente à conclusão: "Aquilo de que não se pode falar, deve-se calar." Em outras palavras, o conhecimento deve falar logicamente, ou não falar nada.

Felizmente, os cientistas que investigam os constituintes fundamentais da matéria — e seu comportamento ilógico — não se omitem dessa maneira. E ao não o fazer desmentem o conselho de Wittgenstein. A linguagem *pode* lidar com o ilógico. Pode também lidar com uma realidade que está além daquela da própria lógica: a física nuclear realizou avanços supremos durante o século XX. O evitamento dessas questões por Wittgenstein e seu confinamento num mundo de lógica significou que a filosofia pôde continuar a operar com considerável sucesso e uma certeza bem estabelecida. Daí a posição dominante que Wittgenstein teve na filosofia do século XX. Em contraposição, a filosofia de Russell nunca resolveu satisfatoriamente o espectro mais abrangente de problemas que considerava. A incessante tentativa de Russell de solucionar esses problemas deu à sua filosofia uma aparência cada vez mais improvisada. Comparada às certezas claras mas complexas de Wittgenstein, a corajosa e abrangente tentativa de Russell mostrava-se como mera confusão.

Mesmo assim, Russell aprendeu muito com Wittgenstein. Mais tarde, definiu a experiência de conhecê-lo como a mais empolgante de sua vida intelectual. Mas acabou por ficar atordoado com as complexidades que Wittgenstein discutia, tendo sua segurança corroída pela paixão quase insana dos ataques que Wittgenstein fazia à sua posição filosófica. Isso levou Russell a concluir que a filosofia se tornara difícil demais para ele, agora que estava em seus 40 e poucos anos. Convenceu-se de que nunca mais seria capaz de um trabalho original. Nessa batalha filosófica de vontades entre dois gigantes, não havia dúvida quanto a quem fora o vencedor.

Em que medida isso se deveu mais à força de personalidade que à relevância da argumentação filosófica é uma questão ainda em aberto.

Apesar desse revés, Russell estava longe de ser um homem derrotado. Pelo menos, foi somente nessa época que suas qualidades humanas mais profundas começaram a emergir. Tendo abandonado a tentativa de forjar uma filosofia original abrangente, começou então a escrever filosofia popular. Numa série de livros enganosamente simples, que continuou a escrever regularmente pelo resto de sua vida, tratou de tudo, de problemas éticos à totalidade da história da filosofia ocidental. O primeiro desses livros foi concluído em 1912 e intitulado *Os problemas da filosofia*. Para muitos, essa continua sendo a introdução quintessencial ao tema. Wittgenstein ficou horrorizado ao ver que Russell tinha agora de descer tão baixo a ponto de introduzir pessoas de gênio menor que o seu à filosofia. Dali em diante, tratou seu antigo mentor com condescendente desprezo. Apesar disso, mais tarde Russell ajudou Wittgenstein em dois momentos críticos de sua vida — assegurando a publicação de seu *Tractatus logico-philosophicus* e dando-lhe condições de obter um cargo em Cambridge durante a década de 1930, apesar de sua total falta de qualificações acadêmicas.

Os interesses filosóficos de Russell sempre haviam

se estendido além dos limites claustrofóbicos da lógica. Questões políticas, éticas e estéticas o haviam interessado persistentemente. E não apenas em teoria. Sua perspectiva era liberal, e ele passou a participar dos debates políticos e éticos da época com algum vigor. A questão social mais controversa na Grã-Bretanha nos anos que precederam a Primeira Guerra Mundial era o movimento pelo sufrágio feminino, liderado por Emmeline Pankhurst, que foi presa várias vezes por protestos. Numa época em que a expressão de idéias como essa levava muitas vezes ao ostracismo social, Russell se pôs inteiramente a favor do voto feminino. Em 1907 chegou a se candidatar ao Parlamento na eleição suplementar de Wimbledon, defendendo o sufrágio feminino e o livre comércio. Isso causou um furor nacional, e Russell recebeu muito mais insultos que votos. (As mulheres não conquistaram o direito de voto na Grã-Bretanha até 1918, dois anos antes que nos Estados Unidos.) Apesar desse revés, Russell continuou a desempenhar um papel ativo na política, defendendo o Partido Liberal durante as campanhas eleitorais — e foi assim que veio a conhecer Lady Ottoline Morrell, cujo marido era um membro liberal do Parlamento.

Numa inversão do processo usual, os princípios de Russell pareceram ficar mais radicais à medida que ele foi ficando mais velho. Na virada do século, ele se deixara levar pela maré de patriotismo imperialista que acompanhou a Guerra dos Bôeres quando o exército britânico derrotou os colonizadores holandeses no sul da África. Na altura de 1914, quando a Primeira Guerra foi deflagrada, Russell estava com 42 anos e havia racionalizado seus princípios liberais. Decidira que a guerra era errada e esteve à frente de vários protestos pacifistas extremamente impopulares em Londres. Um resultado disso foi sua demissão do cargo de *fellow* no Trinity College, Cambridge.

Mas Russell não era de se deixar dissuadir de seus princípios por ter sido posto para fora de um emprego. Persistiu. Em 1918 foi condenado a seis meses na prisão de Brixton — um período de solidão que aceitou de bom grado, pois o livrou de distrações e lhe permitiu retornar à escrita filosófica séria. O resultado final foi *Análise da mente*, em que chegou à importante conclusão de que a diferença entre mente e matéria era ilusória. A matéria era mais mental, e a mente mais material, do que comumente se supunha. Essa abordagem procurava superar a dificuldade dos dados sensoriais. Estes podiam ter sido uma "função" da matéria, mas haviam sido considerados também como "elementos atômicos" na mente — uma impossibilidade na medida em que havia uma distinção entre mente e matéria. A mente era vista agora não como algum tipo de substância pensante que recebia dados, mas como composta de algum modo desses dados e "elementos irredutíveis" (como idéias abstratas, número etc.). O que fora concebido anteriormente como mente havia sido construído a partir do que fora anteriormente concebido como matéria e outras entidades platônicas externas a ela.

Ottoline dera grande apoio a Russell durante sua campanha contra a guerra, mas nessa altura a paixão que impregnara seu caso definhara tanto que já não passavam de grandes amigos. Os princípios liberais de Russell o tinham levado, havia muito, a defender o amor livre, mas foi só nesse momento que ele começou a praticá-lo. (Sua crise anterior de promiscuidade, depois de deixar de amar Alys, parece ter sido uma sucessão de paixonites espontâneas, nascidas da incontinência emocional, sem relação com qualquer perspectiva moral.) Teve vários casos, os mais notáveis deles com a atriz Colette O'Niel, de 21 anos, a escritora Katherine Mansfield e Vivien Eliot, a primeira mulher, mentalmente instável, do poeta T.S. Eliot.

Mas em 1919 conheceu Dora Black, uma jovem de 25 anos de espírito independente, que fumava cachimbo e graduara-se com excelência em línguas modernas em Cambridge. Dora havia admirado a postura pacifista de Russell, mas, pessoalmente, o equiparava ao Chapeleiro Louco de *Alice no País das Maravilhas* (uma avaliação arguta que ocorrera a mais de um conhecido dele). Ela e Russell mantinham intensas conversas em que ambos professavam sua profunda descrença no casamento. Dora era uma feminista radical que declarava que seu objetivo na vida era ter filhos. Estes seriam criados inteiramente pela mãe, não havendo nenhum lugar para um pai nesses assuntos. "Bem, se eu tiver que ter filhos com alguém, não será com você", respondia Russell.

Era talvez inevitável que se casassem, mas isso só aconteceu ao cabo de dois anos. Durante esse período permaneceram juntos, e ambos viajaram para ver a nova Rússia bolchevique. Ao eclodir em 1917, a Revolução Russa levara Russell a acreditar que finalmente uma sociedade justa poderia ser implantada em algum lugar na Terra. Ele partiu para a Rússia com grandes esperanças, como membro de uma delegação do Partido Trabalhista — cujos integrantes se viam, em sua maioria, como peregrinos que iam testemunhar a nova era. Russell conseguiu uma audiência particular com Lênin. O filósofo britânico não ficou impressionado com o líder da revolução e horrorizou-se ao ver os efeitos dela, especialmente entre os camponeses famintos na zona rural. Dora, que seguiu um itinerário diferente e viu Lênin discursar num comício apinhado, voltou extasiada.

Imediatamente após sua viagem Russell escreveu *Teoria e prática do bolchevismo*, que criticava o que ele vira e o tornou extremamente malvisto nos círculos esquerdistas britânicos. A maioria dos visitantes se deixava enganar pelo que via — ou imaginava que via. H.G. Wells, que visitou a Rússia no mesmo ano, voltou para escrever uma série de artigos entusiásticos no *Sunday Express*. George Bernard Shaw, que viajou para a Rússia no auge dos expurgos da década de 1930, iria comparar Stálin ao papa e a Rússia a um "sonho esplêndido, ensolarado".

Russell nunca deixou de ser um radical, mas insistia em dizer a verdade tal como a via. Como conseqüência, conservou poucos amigos políticos no curso de sua longa vida. Mas suas discussões candentes com Dora Black a propósito da Rússia bolchevique aproximou-os ainda mais e os dois se casaram em setembro de 1921. Seis dias depois Dora deu à luz o primeiro filho de Russell, um menino a quem chamaram Conrad (em homenagem ao grande romancista polonês).

Dora sentia que o casamento era uma grave traição a seus princípios. Russell era mais ambíguo. Temia que a ilegitimidade — um grande estigma social naquela época — pudesse levar Conrad a ter ressentimento dos pais. Com um pragmatismo pouco característico, reconheceu que continuando sem se casar e com um filho ilegítimo teria ainda mais dificuldade de encontrar uma atividade acadêmica. Sua posição pacifista e sua condenação à prisão haviam feito dele *persona non grata* nos círculos acadêmicos. Felizmente, sua eminência internacional lhe propiciava ocasionalmente uma turnê de conferências nos Estados Unidos — mas não acompanhado de uma amante e de um filho ilegítimo. Para ter uma renda suficiente, continuou a escrever livros populares sobre filosofia e questões do momento. Ele e Dora escreviam também regularmente artigos para os jornais, até que ela teve uma segunda criança, desta vez uma menina chamada Katherine.

Surgiu então o problema da educação dos filhos. Sendo intelectuais de princípios avançados, os Russell eram naturalmente contrários a toda forma de educação convencional. Concluíram portanto que a única coisa a fazer era abrir sua própria escola, fazendo propaganda para atrair como alunos filhos de pais de mentalidade semelhante. A Beacon Hill School, situada em plena zona rural do Surrey perto de Petersfield, foi inaugurada em setembro de 1927. Segundo seu prospecto, os alunos internos seriam educados como se fossem membros de uma grande família, ao estilo antigo. A aulas não eram compulsórias e os estudantes tinham liberdade para perambular à vontade pelo terreno. Em vez de disciplina, eram estimulados a discutir seus problemas no conselho escolar, um fórum em que os alunos eram sempre mais numerosos que membros da equipe e os venciam pelo voto. O que o conselho da escola decidia era em seguida implementado — exceto numa ocasião notável: após uma votação unânime contra ameixas secas no cardápio da escola, Dora vetou essa ação sob a alegação de que ameixas secas eram essenciais à saúde.

O resultado de semelhante regime era talvez inevitável. Os alunos se divertiam e, de fato, a equipe também. Há uma fotografia de um Russell de terno e gravata sentado em alguns degraus com uma criança no colo, cercado por um grupo de crianças um tanto maltrapilhas mas inegavelmente felizes. O sorriso benigno no rosto de Russell faz dessa provavelmente a imagem mais feliz que temos dele. (Não podemos nos impedir de meditar sobre a psicologia disso.) Lamentavelmente, em matéria de aprendizado acadêmico pouco parece ter acontecido; e com o passar do tempo os alunos se tornaram cada vez mais desordeiros. Diga-se, a bem da verdade, que a escola logo se tornou um depósito para crianças intratáveis, pirralhos mimados de pais ricos e aqueles que simplesmente não se ajustavam, tendo em sua maioria sido expulsos de outras escolas. Essas crianças difíceis, e em boa parte estragadas, de 3 a 12 anos provavelmente se beneficiaram das atenções daqueles livre-pensadores resolutos que eram os Russell. No entanto, discutir o mérito de ameixas secas com crianças de oito anos não parece ser exatamente a atividade mais produtiva para um dos mais importantes filósofos do mundo. Pois não há como negar que era isso que Russell continuava sendo (um filósofo, e não uma criança de oito anos).

Por volta dessa época Wittgenstein enviou um manuscrito de sua obra em andamento para o Trini ty College, Cambridge, na esperança de que o empregassem. O manuscrito foi imediatamente remetido a Russell, considerado o único filósofo competente para julgar os méritos daquela obra. Embora Wittgenstein tivesse recentemente qualificado a obra de Russell como "de dar vômito", Russell aceitou a ingrata e exigente tarefa de tentar entender o manuscrito quase incompreensível de Wittgenstein. Embora descobrindo-se totalmente avesso à direção que a filosofia de seu ex-pupilo assumira, Russell reconheceu cortesmente que o novo trabalho de Wittgenstein era "muito original e indubitavelmente importante". Essa opinião provou-se decisiva, e Wittgenstein foi aceito. Nenhuma carta de agradecimento chegou a Beacon Hill.

Em 1931, com a morte de seu irmão mais velho, Frank, Bertrand herdou o título da família, tornando-se o terceiro conde Russell. Frank havia dilapidado o que restava da fortuna da família, o que significou que, afora o título, tudo que Russell herdou foram as dívidas do irmão — que incluíam quatrocentas libras por ano para o sustento de uma das duas mulheres de quem ele se divorciara. Quatro anos mais tarde o novo Lord Russell imitou seu predecessor divorciando-se de uma segunda mulher. Seu casamento com Dora havia sido desde o início uma questão de nobres princípios liberais, acompanhados por um comportamento não tão nobre. No final, Russell descobriu-se incapaz de manter essa atitude depois que Lady Russell teve um filho, e mais tarde outro, de seu jovem amante americano. Um ano depois, num triunfo do otimismo sobre a experiência, Russell, do alto de seus 63 anos, casou-se com sua assistente de pesquisa, de 25, que tinha um cabelo acobreado como o de Ottoline e fumava cachimbo como Dora.

Dois anos depois Russell mudou-se para os Estados Unidos, onde uma seqüência de compromissos acadêmicos acabou sendo encerrada por causa de seus pronunciamentos públicos sobre assuntos como o controle da natalidade e o amor livre. Nessa época o sexo ainda não existia na Grã-Bretanha, e muitos estados americanos suprimiam o tópico com veemência ainda maior. Quando a Segunda Guerra Mundial foi deflagrada na Europa em 1939, Russell viu-se encurralado e falido nos Estados Unidos. Vivendo da hospitalidade de amigos, pôs-se a escrever uma *História da filosofia ocidental* que veio a se estender por mais de 800 páginas. Essa obra divertida, opiniosa e perspicaz salvou-o financeiramente ao se tornar um *bestseller*. Continua sendo reeditada até hoje como a melhor obra em um volume sobre o assunto. Como conseqüência, é constantemente caluniada por filósofos profissionais (muitos dos quais ficariam sem emprego se essa obra não tivesse inspirado originalmente seus alunos a estudar a matéria).

Em 1944 Russell retornou à Grã-Bretanha, onde foi reconduzido à condição de *fellow* do Trinity College. Tudo foi perdoado: ele agora era um homem de 72 anos e considerado um sábio nacional. Seus chamados "livros populares" foram se tornando nessa altura realmente cada vez mais populares, em meio ao clima liberalizado do pós-guerra na Grã-Bretanha. Ele fazia também palestras regulares pelo rádio. Naqueles primeiros tempos, antes que o conceito de radiodifusão fosse inteiramente compreendido, oradores eminentes tinham por vezes a oportunidade de falar mais de cinco minutos sem interrupção por *jingles*, risadas gravadas ou piadinhas do entrevistador, o que permitia a Russell elaborar suas idéias numa forma compreensível. Em 1950 foi agraciado com o Prêmio Nobel, oficialmente por literatura, mas de fato mais como "um apóstolo da humanidade e da livre expressão" (nas palavras da BBC).

Embora Russell gostasse de adulação — fosse de uma única pessoa apaixonada ou do público em geral —, sua psicologia não lhe permitia tolerar tamanha popularidade por muito tempo. Logo encontrou uma oportunidade de remediar essa situação. O mundo avançava para o período mais frígido da guerra fria e, em 1954, Russell assinou um manifesto conjunto com Einstein advertindo para as conseqüências nucleares de uma terceira guerra mundial, que na época parecia iminente. Dois anos mais tarde, com a presença de muitos dos mais eminentes físicos do mundo, realizou-se em Pugwash, Nova Escócia, uma conferência em que eles instaram os líderes mundiais a evitar uma guerra nuclear. Russell havia sido um dos principais articuladores dessa conferência, mas, aos 84 anos, estava debilitado demais para comparecer. Apesar disso, um ano mais tarde ele lançou a Campanha pelo Desarmamento Nuclear na Grã-Bretanha. Como era de seu feitio, à medida que ficou mais velho sua militância cresceu. Em 1960, seguindo o exemplo de Gandhi, lançou uma campanha de desobediência civil contra armas nucleares. Um ano depois foi preso num protesto em que os participantes se sentaram em Trafalgar Square, em Londres. Após um intervalo de 43 anos, voltou à prisão de Brixton por um breve período.

À medida que foi avançando na casa dos noventa anos, Russell tornou-se ainda mais intransigente. No final da década de 1960 veio a ser um dos principais opositores internacionais à presença norte-americana no Vietnã, participando de protestos e conferências pela paz. Nos intervalos escreveu sua espantosamente sincera e lúcida *Autobiografia*, em três volumes (embora tenha ocultado alguns episódios, como biógrafos posteriores iriam assinalar com regozijo). Ao se aproximar do fim de sua vida, ainda se aferrava aos três princípios que o haviam norteado através dos anos: "O desejo de amor, a busca do conhecimento e uma pungente compaixão pelo sofrimento da humanidade." Bertrand Russell morreu em 1970, aos 97 anos.

CITAÇÕES-CHAVE

A matemática pode ser definida como a matéria em que nunca sabemos do que estamos falando, nem se o que estamos dizendo é verdade.

Russell, num comentário sobre a matemática

A curiosidade de Russell e a esperança de que ela conduziria a conhecimento firme (o equivalente da firme recuperação de seus pais) continha sua solidão. Esse parece ser o significado psicológico de sua recusa em cometer o suicídio, primeiro durante a adolescência e depois na época de seu desencantamento com sua mulher, porque tinha a esperança de desenvolver sua compreensão matemática, isto é, de chegar à certeza.

Ben-Ami Scharfstein, *The Philosophers: Their Lives and the Nature of Their Thought*

O Picasso da filosofia moderna.

Descrição de Russell por A.J. Ayer, o apóstolo britânico do positivismo lógico

... Exercícios respeitáveis em filosofia moral, mas carentes de vida e de carne. É como se ele estivesse falando sobre medidores que se movem em diferentes direções, mas em absoluto de pessoas.

Isaiah Berlin, sobre os ensaios populares de Russell

De dar vômito.

Opinião de Wittgenstein sobre o mesmo assunto

As máquinas destruirão a emoção, ou a emoção destruirá as máquinas?

Russell, em *Skeptical Essays*

Um cachorro, um incompetente, um traidor, um comunista confesso.

Qualificativos aplicados a Russell
pela imprensa americana, provocados
por seus pronunciamentos liberais

... Esse lobo filosofante cujo smoking esconde quase todos os instintos brutais de uma fera. Ódio, assassinato, o estado em que um come o outro parecem-me ser os princípios éticos fundamentais pregados por essa fera em roupagem de filósofo.

Descrição de Russell na Rádio Moscou
depois que um de seus discursos foi transmitido
em russo pelo BBC Overseas Service

As crianças vão para a escola imbuídas da crença de que têm o direito de ser felizes. ... Isso é a perversão da verdadeira religião, do sacrifício pessoal e da obediência.

Reverendo Edward Lyttleton,
ex-diretor de Eton, um opositor dos
princípios educacionais de Russell

Durante uma palestra pública, Russell afirmou não ser possível romper as regras da matemática sem conseqüências desastrosas. Uma vez que uma afirmação matemática falsa era introduzida, podia-se provar qualquer coisa. Nesse ponto uma voz lá de trás da multidão o interrompeu: "Se dois vezes dois forem cinco, o senhor deve ser capaz de mostrar que eu sou o papa. Prove isso!"

Sem titubear, Russell respondeu: "Se dois vezes dois são cinco, então quatro é igual a cinco. Subtraindo três de cada um dos lados, temos que um é igual a dois. Como o senhor e o papa são dois, temos que o senhor e o papa são um."

CRONOLOGIA DE DATAS SIGNIFICATIVAS DA FILOSOFIA

. . . .

séc. VI a.C.	Início da filosofia ocidental com Tales de Mileto.
fim do séc. VI a.C.	Morte de Pitágoras.
399 a.C.	Sócrates condenado à morte em Atenas.
c. 387 a.C.	Platão funda a Academia de Atenas, a primeira universidade.
355 a.C.	Aristóteles funda o Liceu em Atenas, escola rival da Academia.
324 d.C.	O imperador Constantino muda a capital do Império Romano para Bizâncio.
400 d.C.	Santo Agostinho escreve as *Confissões*. A filosofia é absorvida pela teologia cristã.
410 d.C.	O saque de Roma pelos visigodos anuncia o advento da Idade das Trevas.

529 d.C.	Fechamento da Academia de Atenas, pelo imperador Justiniano, marca o fim do pensamento helenista.
meados do séc. XIII	Tomás de Aquino escreve seus comentários sobre Aristóteles. Era da escolástica.
1453	Queda de Bizâncio para os turcos, fim do Império Bizantino.
1492	Colombo chega à América. Renascimento em Florença e renovação do interesse pela aprendizagem do grego.
1543	Copérnico publica *De revolutionibus orbium caelestium* (*Sobre a revolução dos orbes celestes*), provando matematicamente que a Terra gira em torno do Sol.
1633	Galileu é forçado pela Igreja a abjurar a teoria heliocêntrica do Universo.
1641	Descartes publica as *Meditações*, início da filosofia moderna.
1677	A morte de Spinoza permite a publicação da *Ética*.
1687	Newton publica os *Principia*, introduzindo o conceito de gravidade.
1689	Locke publica o *Ensaio sobre o entendimento humano*. Início do empirismo.

1710	Berkeley publica os *Princípios do conhecimento humano*, levando o empirismo a novos extremos
1716	Morte de Leibniz.
1739-40	Hume publica o *Tratado sobre a natureza humana*, conduzindo o empirismo a seus limites lógicos.
1781	Kant, despertado de seu "sonho dogmático" por Hume, publica a *Crítica da razão pura*. Início da grande era da metafísica alemã.
1807	Hegel publica *A fenomenologia do espírito*: apogeu da metafísica alemã.
1818	Schopenhauer publica *O mundo como vontade e representação*, introduzindo a filosofia indiana na metafísica alemã.
1889	Nietzsche, após declarar que "Deus está morto", sucumbe à loucura em Turim.
1921	Wittgenstein publica o *Tractatus logico-philosophicus*, advogando a "solução final" para os problemas da filosofia.
década de 1920	O Círculo de Viena propõe o positivismo lógico.
1927	Heidegger publica *Sein und Zeit* (*Ser e tem-*

po), anunciando uma divisão entre a filosofia analítica e a continental

1943 Sartre publica *L'Être et le néant* (*O ser e o nada*), avançando no pensamento de Heidegger e instigando o existencialismo.

1953 Publicação póstuma de *Investigações filosóficas*, de Wittgenstein. Auge da análise lingüística.

CRONOLOGIA DA VIDA DE RUSSELL

. . . .

1872 Russell nasce em 18 de maio em Trelleck, na fronteira galesa.

1877 Seu pai morre, deixando órfãos ele e o irmão. Seu avô, Lord Russell, contesta com sucesso o testamento de seu pai; Russell e o irmão mais velho, Frank, são criados pelos avós no Pembroke Lodge.

1878 Seu avô, duas vezes primeiro-ministro, morre.

1883 Introduzido à matemática pelo irmão Frank.

1888 Após ser educado com aulas particulares no Pembroke Lodge, freqüenta curso preparatório para exames universitários em Londres.

1890 Ganha bolsa de estudos para o Trinity College, Cambridge.

1893	Ganha honras de excelência em exames de matemática; abandona a matemática pela filosofia.
1894	Gradua-se com excelência em ciência moral (filosofia).
1894	Casa-se com Alys Pearsall Smith, contra a vontade da avó, Lady Russell.
1896	Publica seu primeiro livro, *Socialdemocracia alemã*.
1897	Com G.E. Moore, rejeita o idealismo neo-hegeliano como ensinado em Cambridge por J.M.E. McTaggart.
1900	Conhece o lógico italiano Giuseppe Peano no Congresso Internacional de Filosofia em Paris.
1900-01	Escreve *Os princípios da matemática* (não publicado até 1903).
c.1903-13	Passa uma década escrevendo *Principia mathematica* com a colaboração de Whitehead.
1903	Subitamente deixa de amar Alys.
1907	Candidata-se à eleição suplementar de Wimbledon em apoio ao sufrágio feminino e ao livre comércio.

1910	Conhece Lady Ottoline Morrell, com quem inicia um caso.
1911	Wittgenstein chega a Cambridge. Rapidamente torna-se pupilo e protegido de Russell.
1912	Publica *Os problemas da filosofia*, o primeiro de seus livros populares. Wittgenstein se horroriza.
1914	Deflagração da Primeira Guerra Mundial. Russell inicia campanha pacifista.
1918	Enviado para a prisão de Brixton por atividades pacifistas.
1920	Visita a Rússia bolchevique.
1921	Casa-se com Dora Black.
1927	Abre com Dora a Beacon Hill School.
1931	O lógico austríaco Gödel prova que a matemática é incompleta.
1935	Divorcia-se de Dora.
1936	Casa-se com Patricia Spence, sua assistente.
1938-44	Vive nos Estados Unidos.

1942-44	Escreve *Uma história da filosofia ocidental*, que é publicada em 1945 e logo se torna um *bestseller*, assegurando-lhe uma renda pelo resto de sua vida.
1949	Termina o casamento com Patricia Spence.
1950	Recebe o Prêmio Nobel de literatura.
1952	Casa-se pela quarta vez aos 70 anos, dessa vez com a americana Edith Finch. O casamento duraria até sua morte.
1958	Inicia campanha pelo desarmamento nuclear.
1959	Preso por desobediência civil, é mandado para a prisão de Brixton.
década de 1960	Faz campanha contra a Guerra do Vietnã.
1970	Morre aos 97 anos.

LEITURA SUGERIDA

MONK, Ray. *Bertrand Russell: The Spirit of Solitude, 1872-1921*. Free Press, 1996. Primeiro volume da biografia magnífica, possivelmente definitiva de Monk, que abrange os anos filosóficos mais significativos de Russell.

______. *Bertrand Russell: The Ghost of Madness, 1921-1970*. Free Press, 2001. O volume conclusivo da notável biografia de Monk, abrangendo os anos em que Russell foi sobretudo uma figura pública — embora ainda produzindo uma variedade de obras filosóficas.

RUSSELL, Bertrand. *Autobiography*. Routledge, 2000. Lúcido e divertido relato de sua longa e rica vida, embora sua serenidade e clareza ocultem as ocasionais complexidades irresolvidas.

______. *A History of Western Philosophy*. Simon and Schuster, 1975. Extensa mas sempre fidedigna exposição da tradição filosófica ocidental em seu contexto social. Indubitavelmente tendenciosa, mas redimida por um espírito vigoroso e provocativo.

______. *The Principles of Mathematics*. Norton, 1996. Primeira grande obra de Russell, publicada originalmente em 1903, que apreende seu entusiasmo pelas idéias que o levariam finalmente a escrever *Principia mathematica* com Whitehead.

______. *The Problems of Philosophy*. Oxford University Press, 1998, 2ª ed. Ainda uma das melhores introduções às questões perenes que forneceram o tema da filosofia.

ÍNDICE REMISSIVO

CIENTISTAS
em 90 minutos

. . . .

por Paul Strathern

Arquimedes e a alavanca em 90 minutos
Bohr e a teoria quântica em 90 minutos
Crick, Watson e o DNA em 90 minutos
Curie e a radioatividade em 90 minutos
Darwin e a evolução em 90 minutos
Einstein e a relatividade em 90 minutos
Galileu e o sistema solar em 90 minutos
Hawking e os buracos negros em 90 minutos
Newton e a gravidade em 90 minutos
Oppenheimer e a bomba atômica em 90 minutos
Pitágoras e seu teorema em 90 minutos
Turing e o computador em 90 minutos